AF598810

DISIPADOS

Enrique Galán

Aliarediciones

Corrección: Inés González Calo
Diseño de cubierta: Jaime Galisteo
Maquetación: Aliar Ediciones

Depósito Legal: GR 975-2025
ISBN: 979-13-87823-53-5

Impreso en España

Edita
ALIAR Ediciones
www.aliarediciones.es
info@aliarediciones.es

DISIPADOS

Enrique Galán

Dramatis Personae

Dos personajes masculinos: IBAI y BORJA. Ambos de mediana edad.

El resto de personajes que se citan no aparecen en escena.

PRIMER ACTO

Rincón recóndito en la montaña, muy cerca de una laguna. Hay una especie de pequeña cabaña camuflada con la entrada escondida; un tendedero muy simple hecho con cañas con un par de prendas tendidas; un espacio que se intuye para cocinar con un montón de leña cerca y un hacha. En un lateral hay un montículo construido por el hombre para alzarse y mirar al horizonte; todo ello tratando de confundirse con el entorno.

IBAI, un ermitaño de mediana edad que vive plácidamente desde hace años en este lugar, trabaja ordenando su espacio: recoge algunos elementos de cocina como una taza metálica, una muy pequeña cocina de gas, ordena la leña, corta algunos trozos grandes con el hacha, etcétera. Después de hacer algunas tareas, empieza a hacer yoga, o bien se sienta con las piernas cruzadas, en postura de meditación.

En un momento determinado, rompe su dinámica, alertándose tras haber escuchado algo. Sube al montículo y ve que alguien se acerca. Baja rápidamente y trata de camuflarlo todo; desmonta el tendedero, esconde la ropa y lo que puede, y el resto lo cubre con unas ramas que ya tiene preparadas para ocasiones de emergencia como esta. Después se esconde fuera de la cabaña.

Aparece BORJA, un hombre elocuente también de mediana edad, con una mochila y vestido con ropa de montañero, sin tener aspecto de serlo. Visiblemente cansado, da un simple vistazo al lugar y se sienta sin que nada le llame la atención. Mientras recupera la respiración, saca un teléfono móvil de un bolsillo, y busca, sin éxito, cobertura por todo el espacio. Después vuelve a mirar alrededor, y empieza a inspeccionar el lugar. No con facilidad, se da cuenta del camuflaje de los elementos y por último de la cabaña, momento en el que sale IBAI muy sigiloso, prácticamente camuflado.

IBAI: *(Desconfiando).* Hola.

BORJA: ¡Ah! ¡Hostia, qué susto! Joder... Pero, hombre... ¿No puedes aparecer de otra manera? Algún aviso, algo sutil, no sé. Un poco de tacto, ¿no? Por favor... Uff...

Silencio incómodo. Se examinan mutuamente de arriba a abajo.

BORJA: ¿Quién eres tú? ¿Qué haces aquí... así...?

Silencio.

BORJA: ¿Vives aquí? ¿Esto es tuyo?

IBAI: Sí.

Pausa.

BORJA: *(Haciendo ademán de dar la mano sin ser correspondido).* Me llamo Borja.

Pausa.

IBAI: Yo Ibai.

BORJA: Encantado, Ibai.

En silencio, IBAI, tranquilamente, empieza a deshacer el camuflaje reordenando el espacio.

BORJA: *(Rompiendo el silencio incómodo para él).* Estoy impresionado... ¿Vives aquí siempre? Parece que llevas mucho tiempo, *(IBAI no tiene intención de responder).* Y... no sé... ¿por qué te escondes? *(Pausa).* Perdona, pero... no sé... esto es nuevo para mí... no tú, que sí, que tú también, pero digo... que la montaña es nueva para mí, y tú también... claro, vamos... lo último que esperaba encontrarme es esto... ¡un ermitaño! Es eso, ¿no? ¿Eres un ermitaño?

Silencio.

IBAI: ¿Qué haces aquí?

BORJA: Pues... la verdad..., he venido a pasar una temporada aquí en la montaña.

IBAI: *(Pausa).* Una temporada.

BORJA: Sí, una temporada. *(IBAI sigue haciendo cosas tranquilamente, en silencio; ordenando la leña, etc*étera*).* Necesito desconectar, reiniciar. No tengo un tiempo establecido. Estaré lo necesario, y, cuando llegue el momento adecuado, volveré a la ciudad.

Silencio. IBAI le mira y continúa a lo suyo.

BORJA: Entiendo que estás aquí establecido, pero ¿para siempre? ¿Para el resto de tu vida?

IBAI: *(Pausa).* Vine porque quería vivir en contacto pleno con la naturaleza, en soledad. Ahora estoy aquí, y no sé más.

BORJA: Perdona... No pretendo molestarte, ni incomodarte. Estoy sorprendido... y, como digo, todo esto es nuevo para mí...

IBAI: Es fácil de intuir.

BORJA: *(Ríe).* Sí... supongo. *(Pausa).* Pero... ¿puedo quedarme un rato contigo? Me parece esto un encuentro muy interesante.

IBAI: Un rato.

BORJA: Ok, gracias... Un rato.

IBAI: Sí, un rato.

BORJA: Vale... vale... y... ¿Llevas mucho tiempo aquí?

IBAI: He visto llegar unas cuantas primaveras; da igual las que sean.

BORJA: Espero que no sea mi caso... Entonces esta parcela es tu hogar.

IBAI: Sí.

BORJA: Sí. Es buen sitio. Muy cerca de la laguna, y escondido en un punto de difícil acceso. Y supongo *(Subiéndose al montículo),* que desde aquí me viste llegar. Has construido aquí tu torre de control. ¡Qué listo! *(Mirando alrededor).* Algo así me vendría muy bien a mí... Y llevando años aquí ¿Por qué no te has preparado una casa más grande, más cómoda?

IBAI: ¿Más cómoda? Esta es muy cómoda. Tiene lo que necesito, es apacible en verano y se caldea rápidamente en invierno. Cualquier cosa más sería generarme tareas innecesarias. Aquí hay muchas cosas más interesantes para hacer, muchas cosas por descubrir.

BORJA: Visto así...

IBAI: ¿Qué planes tienes aquí?

BORJA: Puf. No lo sé. Aunque todavía me parece increíble, no tengo nada planificado. La decisión de hacer esto la tomé muy rápido. Compré esta ropa, la mochila, un saco de dormir, algo de comida... y a la aventura. Tan solo he pasado una noche aquí. Apenas dormí un rato a la intemperie, y aquí me ves, explorando este mundo realmente nuevo para mí.

IBAI: Tomaste la decisión muy rápido.

BORJA: Sí. Es una larga historia que me gustaría contarte...

IBAI: No, por favor. No es necesario.

BORJA: *(Ríe)*. Bueno no tiene por qué ser ahora, te la puedo contar otro día.

IBAI responde con un silencio.

BORJA: Debe ser duro pasar el invierno aquí, ¿no?

IBAI: *(Tomándose su tiempo)*. Cada estación tiene su encanto.

BORJA: Ya...

Silencio.

BORJA: ¿Y no sigues la actualidad? No me refiero al día a día, que supongo que no. No te imagino pendiente de la bolsa, ni de los últimos casos de corrupción, y mucho menos de la prensa del corazón; pero las cosas destacables: quién ha ganado las últimas elecciones, quién manda en Estados Unidos, quién es el líder de la liga... ya sabes.

IBAI: Me entero de lo que me tengo que enterar.

BORJA: *(Pausa, esperando una respuesta más desarrollada)*. Ya.

Silencio.

BORJA: Ibai... sé que... que quieres estar solo, y supongo que yo no tengo una pinta normal... vamos... no sé si por aquí pasa mucha gente así como yo, *(Ríe).* Mira... estoy aquí porque... bueno. Me han pasado una serie de cosas en la ciudad, y lo mejor que podía hacer era desaparecer un tiempo, algo prudencial. No, no estoy huyendo de la justicia, ni soy un mafioso huyendo de ninguna banda; puedes estar tranquilo conmigo. Y pensando en mi temporalidad... *(Pausa).* ¿Te importaría que me quedase por aquí? No contigo, no quiero ser ninguna molestia ni que me mantengas, sino por aquí cerca, a una distancia cómoda para los dos, y que quizá en algún momento me puedas ayudar, nos podamos ayudar; porque estoy seguro de que en algo te podré ayudar yo a ti también, algo te aportaré. Además, no será por mucho tiempo, al menos no es mi intención.

Silencio.

BORJA: Será divertido y enriquecedor.

Silencio.

IBAI: A unos ocho kilómetros hacia el norte, puedes encontrar los restos de una casa de madera abandonada que te podría servir.

BORJA: ¿En serio? ¿Es verdad lo que estoy oyendo?

IBAI: Y te voy a dar un consejo. No te hagas visible.

Silencio.

BORJA: *(Contiene su cabreo y las ganas de rebatirle).* Está bien. Está bien. *(Pausa. Respira).* A unos ocho kilómetros hacia el norte.

IBAI: Sí.

BORJA: *(Breve pausa respirando y aceptando).* Y que no me haga visible.

IBAI: Sí.

BORJA: De acuerdo. De acuerdo. *(Breve pausa).* Me inquieta ese consejo. ¿Viene mala gente por aquí?

IBAI: Lo normal es que aquí la gente llegue por causas nobles. Pero nunca se sabe.

BORJA: Ya. *(Pausa).* Entonces... no entiendo muy bien esto de no hacerte visible.

IBAI: ¿Has visto alguna vez algún animal en plena naturaleza que quiera llamar la atención? Pues eso es.

BORJA: No creo que vengan a cazarme aquí. *(Ríe).*

IBAI: Las autoridades sí. Aquí no se puede acampar.

BORJA: Me lo estás diciendo tú.

Silencio.

BORJA: Está bien, perdona. No... Lo tengo claro.

Silencio.

BORJA: Bueno, pues... ¡a ver qué tal se me da la vieja casa de madera! Intuyo que esta experiencia va ser algo... increíble. Mira que hubo gente que me propuso hacer el camino de Santiago; pero me apetecía más enfrentarme a la naturaleza de otra manera.

IBAI: A la naturaleza no te enfrentas, se vive.

BORJA: Bueno... pues eso. Me apetece «vivir» la naturaleza de otra manera.

Silencio.

BORJA: *(Tratando de armonizar).* Es curioso lo bien que nos sienta, y lo desconectados que estamos de ella. Ahora que lo pienso, mi mejor momento de la semana es en la naturaleza: la partida de golf de los martes por la mañana.

IBAI: ¿Los martes?

BORJA: Sí, los martes. Los fines de semana va todo el mundo. Además, jugando al golf un martes por la mañana te sientes bien; te sientes alguien importante; un privilegiado.

IBAI: Ya. Ya.

BORJA: Oye, y ¿cómo te organizas con la comida? ¿Cazas? ¿Pescas? ¿Cultivas algo? ¿Te traen alimentos del pueblo? ¿Cómo lo haces?

IBAI: Te agradecería que continuases con tu camino. Tú y yo no tenemos muchas cosas que compartir.

BORJA: Vamos a ver... Si quieres me voy, pero no entiendo tu actitud. Estás aquí tú solo; estoy intentando entablar conversación, establecer una relación cordial contigo; no te he faltado al respeto; no te gusta que me quede cerca de aquí, y ahora me dices que continúe mi camino. Mira, podrás estar aquí todo el tiempo que quieras y ser el Tarzán de estos montes, pero esto no es tuyo, ¿eh?; no sé si lo tienes claro, pero esto no es tuyo; y yo me iré si me da la gana. ¿Entiendes?

IBAI: Vete. Por favor.

BORJA: ¡Por favor, dice! No me lo puedo creer. ¿Esta es tu relación con los seres humanos? ¿Este es el resultado de vivir en plena naturaleza?

IBAI: Vete...

BORJA: Ya sé por qué estás aquí. Ni vivir en la naturaleza ni leches. Tú eres un inadaptado cargado de resquemor. Pero ¡¿qué te cuesta, señor?! ¡¿Qué te cuesta?! ¿Tú ves humano encontrarte aquí, en estas circunstancias, a un hombre que acaba de llegar a la montaña a hacer lo mismito que estás haciendo tú y tratarlo de esta manera? En lugar de ayudarnos unos a otros. ¡Eso es lo natural en los seres humanos! Ayudarnos entre nosotros.

IBAI: Vete...

BORJA: Pero no. A ti no te nace. Ni te puede nacer. Seguro que eres eso; un inadaptado que ni has tenido ni tienes a nadie con quien compartir nada, y que estás lleno de miedo, de rencor, de odio, de malos...

IBAI: ¡Cállate!

Se miran en silencio, desafiantes.

BORJA: Está bien. Está bien.

IBAI manifiesta estar en un gran conflicto consigo mismo. Tras una pausa, BORJA empieza a marcharse.

IBAI: *(Por impulso).* Espera. *(Pausa).* Siéntate.

BORJA se sienta. Hay un momento de silencio.

IBAI: Vivir aquí es más sencillo de lo que parece. Una vez superado el período de adaptación, es mucho más fácil que en la ciudad. El entorno siempre es amigable, y cada día te ofrece un espectáculo distinto. Cada día tienes infinidad de opciones, todas ellas sencillas, como la naturaleza misma, y saludables para el cuerpo y para el alma. Aquí eres dueño de tu tiempo. ¿Para cuántos días tienes comida?

BORJA: Yo calculo que para una semana. Tengo frutos secos, complementos energéticos, comida deshidratada, algunas latas, y poco más.

IBAI: ¿Latas?

Mientras hablan, IBAI va a por un botijo que tiene escondido en la entrada de la choza o alrededor, bebe y le ofrece a BORJA.

BORJA: Sí, latas. *(Pausa).* Ahora que lo dices, a ver qué hago con ellas después *(Ríe).*

IBAI: Con la carne no te puedo ayudar. Lo puedo hacer con la fruta, las verduras, y algo te podría contar de la pesca.

BORJA: Gracias.

IBAI: De ropa, ya veo que vas preparado. Además, las temperaturas empiezan a ser más apacibles. Lo primero que haría en tu lugar es localizar alimentos. Quizá te cueste un poco, pero lo vas a conseguir antes de acabar con lo que has traído. Si caminas lo suficiente, encontrarás cultivos de todo tipo, pero no conviene abusar de esa opción. Recuerda que no hay que hacerse visible. Lo demás son todo procesos: te vas a volver más observador, empezarás a encontrar alimentos silvestres, y, según el tiempo que quieras quedarte, yo de ti prepararía un huerto donde plantar los tuyos propios.

BORJA: ¿Y qué planto?

IBAI: Lo vas a ir descubriendo. *(Mientras habla se dirige a la entrada de la cabaña y coge unas semillas que tiene a mano).* De todas maneras te voy a dar unas semillas para que puedas ir empezando, si quieres. Aquí tienes de sandía, calabaza, pepino y tomate. Los frutos los verás entre el verano y el otoño, si todavía estás aquí.

BORJA: Gracias.

IBAI: En cuanto al agua, si bordeas la laguna, no recorrerás más de dos kilómetros sin encontrar el rastro de alguna fuente. Y esto es lo prioritario. Ahora te toca empezar a trabajar, vivir las situaciones reales, y ya iremos avanzando. De la pesca, si es necesario, que en tu caso lo será, ya hablaremos más adelante; el resultado es más inmediato; o no. *(Sonríe)*.

BORJA: (*Ríe quedamente*). Gracias de nuevo. Decías que con la carne no me puedes ayudar. ¿Eres vegano?

IBAI: ¿Vegano? No me gustan las etiquetas, pero si para ti ser vegano es no comer nada que venga de algo que tiene ojos, lo soy generalmente, exceptuando algún pescado de vez en cuando.

BORJA: Entonces eres flexivegano. *(Ríe)*. Perdón. Era un chiste malo. Una etiqueta que he oído, y me hace mucha gracia. Yo no lo soy. Me encanta la carne.

IBAI: Lo serás.

BORJA: No creo.

IBAI: Cuando tú tienes que capturar al animal, matarlo con tus manos, limpiarlo, cocinarlo y comértelo, te aseguro que dejas de comer carne. Se junta lo desagradable del proceso, con el exceso de faena innecesaria. Unas patatas con verduras hacen la misma función y es muchísimo más sencillo.

BORJA: Es posible. Pero dices que de vez en cuando te comes algún pescado.

IBAI: Sí. Es distinto... con la pesca tengo sentimientos encontrados. Por un lado, todo lo que he dicho antes de la carne, se puede aplicar también al pescado; pero por otro lado, pescar me da mucha paz. Estar en la laguna, relajado, con la atención puesta en la posible picada, en los movimientos del agua... me produce una sensación muy agradable. Además, para mí es toda una ceremonia la preparación: anzuelos, hilo, cebo... Disfruto también de la lucha con el pez, sobre todo con los grandes, del juego de tira y afloja, a ver quién puede más, él intenta escapar, y yo cansarlo y traerlo a la orilla. Disfruto mucho con todo esto, pero al final, me siento mal. Una contradicción como tantas otras.

BORJA: Como tantas otras... *(Pausa).* Muchas gracias por las semillas, trataré de rentabilizarlas; y por los consejos. Creo que ha llegado el momento de irme. Supongo que nos volveremos a ver.

IBAI: Intuyo que sí.

BORJA: Gracias de nuevo. Adiós.

IBAI: Adiós.

SEGUNDO ACTO

A la mañana siguiente, IBAI está ordenando la leña y utilizando el hacha en algún momento para cortar alguna rama más gruesa. Mientras tanto, canturrea un fragmento de la canción «Peces de ciudad» de Joaquín Sabina.

IBAI: Y cómo huir cuando no quedan islas para naufragar

al país donde los sabios se retiran del agravio de buscar labios que sacan de quicio.

Mentiras que ganan juicios tan sumarios que envilecen el cristal de los acuarios de... de los peces de ciudad que mordieron el anzuelo, que bucean a ras del suelo que no merecen nadar...

Pausa breve. Empieza a hablar antes de que aparezca BORJA en escena, y sin dejar de hacer sus tareas.

IBAI: Buenos días, Borja.

BORJA: *(Fuera de escena).* ¡Joder! No me lo puedo creer. Buenos días. Y mira que he intentado ser sigiloso. No es que pretendiese asustarte, ni mucho menos. *(Entrando en escena).* Entre otras cosas porque es imposible, vamos...

IBAI: Te estaba esperando.

BORJA: *(Ríe nervioso).* Vaya. ¿Tan previsible soy?

IBAI responde con un silencio.

BORJA: Día tristón, hoy.

IBAI: El día es martes, el cielo está espectacularmente nublado, y el tristón eres tú. *(Sonríe).*

BORJA: Estás gracioso hoy, ¿eh?

IBAI: ¿Dónde has dormido? ¿Cómo has pasado la noche?

BORJA: Después de caminar... no sé lo que caminé, llegué a la casa de madera que dijiste. Supongo que sería esa. Traté de dormir allí, pero... arañas, ruidos... uff. Preferí dormir fuera, bajo el roble, o haya o lo que fuese aquel árbol grande que estaba justo enfrente de la casa. ¿Cuánto tiempo lleva esa casa abandonada? Deben ser muchos años...

IBAI: Pues no llega a dos años. La naturaleza sigue su camino en cuanto el hombre desaparece. Da igual que sea una pequeña casa de madera, que un templo, que una gran ciudad. Pertenecía al viejo Anselmo. Un hombre muy culto y sabio. Teníamos grandes conversaciones; aprendí mucho de él.

BORJA: O sea que no vives tan en soledad; también tienes aquí vida social.

IBAI: La justa y seleccionada. Aquí llega poca gente, pero interesante, generalmente. Suele ser gente sencilla que valora lo esencial.

BORJA: Entiendo. *(Pausa).* ¿Y quién más viene por aquí?

IBAI: También viene por aquí de vez en cuando a coger setas Gregorio; un profesor de filosofía en la universidad, que a veces se unía a nuestras conversaciones y se olvidaba de las setas. *(Sonríe)*. Personas valiosas que equilibran este mundo cada día más poblado y cada día más vacío.

BORJA: Ya, ya, ya... *(Pausa)*. ¿Y esas son todas tus relaciones?

IBAI: Las más estrechas. Anselmo está ya mayor y se fue a vivir con uno de sus hijos. Desde entonces solo ha venido un par de veces.

BORJA: Vaya. Tiene que ser duro para él.

IBAI: No creas. Ya te dije que es un sabio. Con menos intensidad, también comparto algunos momentos con Emiliano, un chaval que viene a pescar con su barca de vez en cuando; o con el gran Octavio, un experto en micología; también con un pequeño grupo de montañeros que viene frecuentemente...

BORJA: ¿Y cazadores no? He visto que por aquí hay un coto de caza.

IBAI: Sí, también. Entre octubre y enero vienen los cazadores. Saben que estoy aquí y me respetan. Algunos de ellos vienen a saludarme, a ver cómo estoy. Los sanos; los que no cazan más de lo que son capaces de comer sin gula y disfrutan de la naturaleza. Luego están los que matan todo lo que pueden, se hacen la foto con los «trofeos», y se van. Con esos tengo poco de qué hablar, y muchas cosas que decir. Evito cruzarme con estos.

BORJA: Ya.

IBAI: Y no viene mucha gente más. Algún *runner* machacándose, algún dominguero, pero son casos aislados que nunca sabrán que estoy aquí. Por cierto, también está la brigada forestal. Son amigos míos, pero a ti no te pueden ver aquí, ¿entiendes? No te pueden ver.

BORJA: Entendido. Oye, una cosa. Octavio, Gregorio, Anselmo, Emiliano... ¿aquí no viene nadie que se llame José, Juan o Manolo? *(Ríe).*

IBAI: *(Ríe con menos entusiasmo).*

(Breve pausa).

BORJA: Pues ya ves... al final, la segunda noche también a la intemperie. Ya le estoy cogiendo el gusto; y ahora, de cara al buen tiempo..., no sé si al final necesitaré un techo. Fue horrible dentro de la casa, bueno, de los restos de la casa. *(Ríe con timidez).*

IBAI: Algo tendrás que hacer ahí, sí.

BORJA: Pues la verdad es que es un sitio espectacular para hacer ahí una villa de lujo, e incluso una pequeña urbanización «exclusiva» aprovechando la pendiente, con... *(Ve la cara de IBAI y cambia de tema).* No, hombre, estaba bromeando, sería un... un atentado sería eso.

Silencio.

BORJA: Oye, y estando el día espectacularmente nublado, ¿no lloverá hoy?

IBAI: Probablemente.

BORJA: Ya.

Silencio.

BORJA: Ibai, por tu forma de hablar y lo que contabas, intuyo que tienes alguna carrera universitaria.

IBAI: Así es. Soy licenciado en Sociología, y en Filología Inglesa.

BORJA: Muy bien. Yo también he pasado por la universidad. Licenciado en Administración y Dirección de empresas.

Silencio.

BORJA: Ibai, ya sé que no me ves como un sabio humanista como los Gregorio, Fulgencio, y compañía, pero creo que te puedo aportar mucho, nos podemos aportar mucho mutuamente. Te puedo dar puntos de vista que no tienes por qué compartir, pero que no estás acostumbrado a escuchar; y ahí está la riqueza, y el aprendizaje.

Silencio.

BORJA: No me creo que no lo veas así también. Ibai, deja que me quede contigo unos días. No te vas a arrepentir.

Silencio.

IBAI: Así que licenciado en Administración y Dirección de empresas...

BORJA: Sí. Y también hice un máster de Ingeniería financiera en Estados Unidos.

IBAI: Ingeniería financiera... es decir, «juego de trileros sofisticado».

BORJA: *(Molesto).* No. «El arte de hacer crecer el dinero».

IBAI: Y un artista del dinero, de repente, toma la decisión de venir a pasar unos días a la montaña.

BORJA: Por favor, Ibai... Te lo quiero contar, tiene una explicación, pero no me das la oportunidad. Ayúdame. Déjame que pase estos días contigo. Nos podemos ayudar. De verdad.

Silencio.

IBAI: Vete, por favor. Vete.

BORJA: Pero, hombre...

IBAI: Vete. Tú y yo vamos a terminar mal como pasemos más tiempo juntos.

BORJA: Ibai... ¡Por favor! Dame una oportunidad. Necesito ayuda. No voy a estar tanto tiempo como para poder hacer todo lo necesario para establecerme aquí. No tiene sentido, es imposible. Es evidente que no hemos conectado de primeras, pero joder, ¡puede ser enriquecedor para los dos! Ibai, por favor, te lo pido por favor. Ayúdame.

IBAI se mueve rápidamente por el espacio, conteniendo una respuesta agresiva. Se pone a trabajar con el hacha en la parte donde tiene la madera, desahogándose, ignorándolo, y esperando que se marche. Con el hacha en la mano, se vuelve a dirigir a BORJA.

IBAI: Tú, tú representas todo lo que me machacó durante años, lo que me reventó la vida, lo que me llevó a la catarsis. Tú eres todo eso. ¡Todo! ¡Vete! ¡Vete de aquí! ¡Vete! ¡Vete!

Tras un breve silencio, BORJA se va. Cuando IBAI se queda solo, clava el hacha en una madera con rabia y rompe a llorar.

TERCER ACTO

En el escenario vacío aparece sigiloso BORJA, sorprendido porque IBAI no ha dado señales de vida.

BORJA: ¿Ibai? (*Sigue buscándolo por el espacio*). ¿Ibai?

Confirma que no está, y decide apoderarse del lugar. Toda la leña que tenía organizada la esconde detrás de la casa, y el hacha la lleva consigo. Entra en la cabaña y saca un chubasquero de marca, una especie de frutero lleno de fruta, algunos libros, un tirachinas y una caja. Observa el chubasquero y lo tira dentro de la cabaña. Hace ademán de comerse una pieza de fruta, pero la deja y vuelve a dejar el frutero dentro de la cabaña. Hace el gesto de lanzar una piedra con el tirachinas, y se lo guarda en un bolsillo. Abre la caja y descubre que son piezas de ajedrez. Da un vistazo a los libros que son de filosofía (uno de ellos Walden), clásicos y alguno de Shakespeare en inglés.

BORJA: *(Lee susurrando los títulos y alguna contraportada sin mucho interés). Walden*, Henry David Thoreau; *Hamlet*, William Shakespeare... en inglés. *Crimen y castigo*, Dostoyevski; *Así habló Zaratustra*, Nietzche. *1984*... Bueno.

Siente la llegada de alguien. Es IBAI, que vuelve con una caña de pescar, andando muy lentamente, sin decir nada, sorprendido, mirando lo que ha ocurrido alrededor. BORJA, coge el hacha con fuerza con la mano.

BORJA: *(Enérgico)*. Buenos días.

IBAI: ¿Qué estás haciendo?

BORJA: Disfrutar de mi nuevo hogar. ¿Qué te parece?

IBAI: Oye...

BORJA: Vete. No quiero verte por aquí. Ahora este es mi hogar.

IBAI: Pero...

BORJA: ¿Dónde está escrito que esto es tuyo? ¿Eh? ¿Dónde?

Pausa.

IBAI: (*Intentando acercarse)*. Pero...

BORJA: *(Levantando el hacha)*. ¡Que no te acerques! ¡Largo de aquí! Te vas a la cabaña de Ambrosio, o donde te salga de los huevos. ¡Pero lárgate! ¡Ya!

IBAI permanece inmóvil ante él.

BORJA: *(Sin saber qué hacer ni decir)*. ¿Pero no me estás oyendo? ¡Pírate de aquí! ¡Ya! ¡Que te vayas, hostia!

IBAI: Estás loco. Esto no te lleva a ningún sitio.

BORJA: ¡Ja! Eso es lo que tú te crees. Vete.

IBAI: *(Manteniendo la calma)*. ¿Y qué vas a hacer? ¿Cuánto tiempo crees que vas a sobrevivir aquí tú solo?

BORJA está descolocado y no responde.

IBAI: ¿Crees que con tener esta cabaña y estas herramientas está todo resuelto? ¿Qué vas a hacer?

BORJA: ¡No lo sé! Algo se me ocurrirá. Pero ahora esto es mío. Vete de aquí.

IBAI: *(Manteniendo la calma).* Piensa lo que estás haciendo. No es la solución...

BORJA: *(Avanzando hacia IBAI).* Que te vayas de aquí ahora mismo o...

De pronto BORJA ve algo y se queda quieto. IBAI también se queda como una estatua.

BORJA: *(Indicándole con la mano que no diga nada, y susurrando).* No digas nada. *BORJA baja el hacha, le hace señales a IBAI para que se agache. Se acerca, lo agarra de un brazo y se lo lleva hacia la cabaña. IBAI se da cuenta de la presencia de alguien, y se esconden los dos en la cabaña, observando desde la entrada. Se trata de un hombre armado, de aspecto sospechoso. Se escucha un disparo. Lentamente sale primero IBAI, y luego BORJA.*

IBAI: Se está alejando. No tenía buena pinta. Debe ser un cazador furtivo. No respetan nada. Son peligrosos.

Liberando la tensión, IBAI se sienta, y BORJA se tumba. Están un momento en silencio, pensativos.

IBAI: Te voy a ayudar.

BORJA: Gracias. Gracias.

Pausa.

IBAI: Cuando te tengas que esconder, no lo hagas dentro de la cabaña. Si te buscan y te encuentran, te tienen atrapado.

Silencio. BORJA empieza a reírse, e IBAI se contagia. Se ríen los dos de manera contenida.

BORJA: Y yo que por un momento me he sentido un héroe; el gran salvador. ¡Zasca!

BORJA empieza a reírse con ganas e IBAI se contagia. Después hacen una pausa.

IBAI: Borja, ¿por qué estás aquí?

BORJA: No sé por dónde empezar.

Silencio.

BORJA: Cuando empecé a trabajar, antes de haber terminado la carrera, lo hice en el sector financiero, siguiendo los pasos de mi padre. Después fui a Estados Unidos con una beca, hice el máster y trabajé en una de las empresas financieras más importantes del mundo. Estaba cumpliendo mi sueño. Pero me dejó la novia americana de la que estaba enamorado, y en un arrebato decidí volver a España. Aquí enseguida encontré trabajo en una compañía de inversiones; pero ya todo me parecía poco; así que decidí cambiar de sector, y empecé a trabajar como director financiero en una empresa industrial, una fábrica de cemento. La fábrica me abrió la mente. Fue enriquecedor hablar no solo de dinero, sino también de productos físicos, ¡que se pueden ver y tocar!, e incluso ver después obras que se habían ejecutado con nuestro cemento. ¿Ves? Con nuestro cemento. Vivía la empresa como si fuese mía. Antes... todo era ego y codicia.

Mi trabajo se había humanizado de alguna manera, y también aprendí a apreciar el valor de la creación. Crear un edificio, o cualquier obra, desde su diseño, todo el desarrollo del proyecto, a la finalización de la construcción; la investigación en materiales para solucionar problemas, para facilitar el trabajo de otros. No sé, para mí era otra cosa.

IBAI: ¿Y qué pasó?

BORJA: Llegó un momento en el que todo se estaba volviendo rutina, me estaba empezando a anquilosar, y... «cuando no creces, decreces», no hay término medio; así que decidí cambiar, esta vez a una empresa también industrial, pero de algún producto más democrático, que todo el mundo tuviese acceso directo a él, que lo pudiese tener en casa. Y lo conseguí. Empecé a trabajar en una empresa de iluminación. Además una empresa familiar; ya estaba bien de tanta multinacional.

A IBAI le cambia el rostro, empieza a sufrir con lo que escucha.

BORJA: La empresa iba bien, estaba saneada financieramente, tenía muy buen flujo de caja y un buen posicionamiento de marca; pero empezó a cambiar el sector, y tenía que adaptarse a los cambios si quería mantener la trayectoria que llevaba. Con el nombre que tenía y su solvencia, no hubiese sido muy difícil reorientar el negocio. Junto con el director comercial planteamos acciones, estrategias; pero por algún motivo que desconozco, las decisiones no fueron por ahí, y empezó la... bueno; se empezaron a tomar decisiones suicidas deliberadamente. Yo pensé en irme. No sabía cómo gestionar aquella situación que me estaba arrastrando. Era una empresa con mucho peso a nivel local, muchas familias dependiendo de ella; eso me preocupaba... También pensaba que mi currículum iba a estar manchado, y oportunamente el gerente me aseguraba trabajo en un nuevo negocio, muy bien remunerado, y... estaba en un tren de vida del que no sabía cómo bajar. Estaba atrapado. Después vinieron los ERES, y finalmente el concurso de acreedores. Un compañero denunció irregularidades contables, y empezó una investigación que saltó a la luz pública. El foco lo pusieron en mí. Pasaron años, y la semana pasada fue el juicio. Aunque yo he salido absuelto sin cargos, no podía andar tranquilo por la calle. Estaba señalado, incluso recibí amenazas... Un desastre, precisamente cuando más humano sentía mi trabajo.

Pausa.

IBAI: *(Consternado).* Y decides venir aquí, a esperar a que se calmen los nervios y se olvide pronto todo esto.

BORJA: Así es.

(Pausa).

IBAI: *(Tratando de contener la ira).* No doy crédito. Estabas atrapado... Llevabas un tren de vida..., claro, no podías permitirte empezar de nuevo; no podías perder tu estatus... ¿Qué ibas a hacer? ¿Dejar el golf? ¿Vivir con la incertidumbre de no saber cuál sería tu próximo trabajo? Qué tragedia... quizá no volverías a ser un alto ejecutivo...

BORJA: No es tan fácil, Ibai.

IBAI: No es tan fácil, claro. Lo fácil es salvar el culo, dejarse llevar ¡y que reviente por donde tenga que reventar, caiga quien caiga!

BORJA: *(Rendido).* No es tan fácil.

IBAI: *(Empieza a moverse muy alterado, a punto de reventar. Da un grito desahogándose).* ¡Ah! *(Está respirando muy fuerte y poco a poco se va calmando).*

Silencio.

BORJA: Si... si quieres... me voy. Tranquilo, me voy.

Tras un silencio, BORJA hace ademán de irse.

IBAI: No. Soy yo quien necesita irse ahora. Quédate esta noche si quieres.

BORJA: Pero...

IBAI: No. Lo necesito... Necesito ahora mi tiempo, y cambiar de escenario por unas horas...

Se miran en silencio. IBAI se marcha apesadumbrado.

BORJA: Pero...

CUARTO ACTO

BORJA está durmiendo fuera de la cabaña. Tapado con el saco de dormir. Aparece IBAI, y se sienta sin decir nada, observándolo. Al rato, BORJA se despierta, y se asusta al verlo.

BORJA: ¡Hostia! *(IBAI sonríe, y BORJA antes de hablar registra ese buen estado de ánimo).* ¿Es que a ti no se te puede ver sin tener que llevarte un susto?

IBAI: ¿Qué haces aquí fuera?

BORJA: *(Desconcertado por la actitud amable de IBAI).* Me entró un agobio muy grande ahí dentro. Y total, ya me estoy acostumbrando a dormir a la intemperie...

IBAI: *(Ríe).* Ha hecho muy buena noche. Has tenido suerte.

Silencio.

BORJA: ¿Dónde has pasado la noche?

IBAI: (*Hace un amago antes de empezar a hablar).* No lo entenderías.

BORJA: *(Ríe).* Te he preguntado por un lugar.

IBAI: Si te hablo de lugares sagrados, lugares de conexión, de inspiración divina, ¿qué te sugiere?

BORJA: Estás esperando que te diga que estás como una regadera; pero no. Empiezo a entender tu onda. No he tenido nunca ningún lugar así, ni siquiera un momento así, pero creo empezar a entender de qué estás hablando.

IBAI: Pues de ahí vengo.

BORJA: ¿Y cómo te ha ido?

IBAI: *(Pensando en una respuesta).* Bien.

BORJA: Bien. Sin más.

IBAI: Sí, bien. Vamos a dejarlo en bien. De esto no te puedo hablar ahora.

BORJA: Pero me lo contarás.

IBAI: Supongo que sí, que llegará el momento.

BORJA: Y... bueno, nada... Ya llegará el momento.

Silencio.

IBAI: *(Sacando de un bolsillo una manzana de la variedad Golden).* ¿Tienes hambre?

BORJA: *(Pensando de dónde habrá sacado la manzana).* Pues... no me vendría mal comer algo, no.

IBAI: Toma. *(Le lanza la manzana que BORJA coge al vuelo, y saca otra para él).*

Empiezan los dos a comer la manzana.

BORJA: Vaya. Muchas gracias. *(Pausa).* Pues pensaba que aquí me aburriría como una ostra, pero... ¡estoy viendo que no! Por suerte. No soporto el aburrimiento, me estresa.

IBAI: ¿Te estresa?

BORJA: Sí, sí, me estresa. No puedo estar sin hacer nada.

IBAI: Ay, señor... El aburrimiento se está convirtiendo en el nuevo estrés.

BORJA: Hablas como si el aburrimiento fuese bueno. Hay que aprovechar el tiempo, ser productivo.

IBAI: Sí, claro. Hay que hacer, hacer y hacer, hasta el punto de vivir desconectados de nosotros mismos. Las cosas más importantes surgen del aburrimiento. Las mejores reflexiones, el autoconocimiento. Es la antesala de la creatividad.

BORJA: ¿Seguro?

IBAI: Mira Newton; estaba «aburrido» en su jardín, ve caer una manzana y empieza a gestarse la Ley de la gravedad. Ahora le caen a alguien siete manzanas en un jardín, y estaría tan ensimismado mirando una pantalla con un contenido vacío, que ni se enteraría.

BORJA: Si tú lo dices... ¿Y por qué tendría que llamar tanto la atención? Si estás bajo un manzano, ¿qué pueden caer? ¿Lingotes de oro? *(Ríe).*

IBAI: Entonces serían *Golden. (Ríen).*

BORJA: Madre mía. ¡Que no se te ocurra contar otro chiste! ¿Eh? Por favor.

IBAI: *(Ríe).* ¡Ay, qué chorrada más grande! *(Ríe).*

BORJA: Pero grande, grande.

IBAI: Los chistes nunca han sido lo mío.

BORJA: Oye, esas zapatillas de montaña que tienes, esas no te las has encontrado aquí, ni te las has hecho tú con ninguna planta, ni con la piel de ningún animal. *(Ríe).*

IBAI: Muy agudo, sí señor.

BORJA: Y el chubasquero que tienes justo al lado de la puerta, tampoco es de piel de jabalí. Ese vale pasta, ¿eh? *(Ríe).*

IBAI: Mis amigos me hacen algún recado, y también tengo mis ahorros, mis contactos en la ciudad, y mis fuentes de ingresos.

BORJA: ¿Fuentes de ingresos? Cuenta, cuenta. Si al final... ya verás tú el ermitaño *(Ríe).*

IBAI: *(Ríe).* Qué va. Me compran cuernos de ciervo, también he vendido setas, escribo algunos artículos para una revista... mis cosas. También tengo mi departamento financiero, pero mucho más sencillo y transparente: esto tengo, esto necesito, esto me gasto, esto tengo que ingresar. No hay más.

BORJA: Si fuese así de simple...

IBAI: Para mí lo es. Parafraseando a Henry David Thoreau: «Conforme simplifiques tu vida, las leyes del universo parecerán menos complicadas. La soledad ya no será soledad, ni la pobreza tal pobreza, ni la debilidad tal debilidad».

BORJA: Esa frase... hay que madurarla.

IBAI responde con un silencio.

BORJA: Sí, hay que madurarla. Oye, me estoy dando cuenta que desde que llegué no he cogido el «puto móvil», y... la verdad... no sé cómo explicarlo, pero me siento bien; muy bien.

IBAI: *(Sobresaltado, tira la manzana y se sube al montículo mirando al horizonte).* ¡Calla! *(Bajando del montículo y procurando no gritar).* ¡Escóndete!

BORJA: ¿Qué pasa?

IBAI: Se acerca la brigada forestal. ¡Escóndete!

BORJA: *(Desorientado).* ¿Y dónde me meto?

IBAI: ¡Métete en la cabaña!

BORJA: ¡¿En la cabaña?!

IBAI: Ahora sí, joder.

BORJA tira la manzana y obedece.

IBAI mantiene una conversación desde la distancia con dos personas de la brigada forestal.

IBAI: *(Respondiendo a la brigada con su primera intervención).* ¡Hola pareja! / Bien, muy bien. Tranquilo, como siempre. ¿Y vosotros? / Genial. Me alegro. / Sí, ya está haciendo mejor tiempo, sí, aunque no estaría mal que lloviese un poco. / ¿Que lloviese ahora mismo? / Ahh... *(Ríe).* Ya está de resaca otra vez el pájaro. / Y si no a la laguna de cabeza. / *(Ríe).* Qué fenómeno. / Claro, como es joven... / *(Ríe).* Pues nada, José, una buena siesta y listo. / *(Ríe).* / Sí. Lo vi. Uno que llevaba algo amarillo, sí. / *(Ríe).* Sí, yo también pensé «dónde va el gilipollas ese», sí. / Lo vi cerca de la cabaña de Anselmo, y más tarde lo vi cómo se alejaba hacia la carretera, y no lo he vuelto a ver. / Ok. Así lo haré. / Abrazos.

BORJA se asoma con intención de salir. IBAI, mirando alternadamente a BORJA y en dirección al lugar donde estaría la brigada, le hace señales con la mano para que siga escondido. Después mantiene un momento la mirada al horizonte.

IBAI: Ya puedes salir.

BORJA: ¿Me están buscando?

IBAI: No, creo que no. Simplemente están controlando.

BORJA: Mejor. Con que el gilipollas ese, ¿no?

IBAI: Tenía que seguirles el rollo. *(Ríe).*

BORJA: Sí, sí...

BORJA: Oye, por fin un nombre normal: José.

IBAI: Sí. José Alfredo. Un chaval muy majo. Son buena gente. José Alfredo y Víctor.

BORJA: ¿Víctor? ¿A secas?

IBAI: No, Víctor Manuel.

BORJA: Ya decía yo. (*Se ríen los dos. IBAI se sienta junto a BORJA).* Por cierto, me fascina tu oído. ¡Qué barbaridad! ¿Cómo puede ser que tengas el oído tan fino? Yo apenas los he escuchado hablar y tú los veías venir de lejos; como a mí.

IBAI: Si permaneces aquí el tiempo suficiente, también lo desarrollarás. Cuando estás integrado en la naturaleza, y vives en armonía con ella y conectado contigo mismo, cualquier elemento que rompa esa armonía, por sutil que sea, te llama la atención. Son muchos los sonidos que se escuchan cuando estás en silencio; el aire, pájaros, insectos, animales, un pequeño oleaje de la laguna... igual que los olores que te llegan. Y todo es armonía; como una orquesta afinada.

Se quedan en silencio. BORJA se esfuerza en concentrarse para escuchar a su alrededor, alternando instantes con los ojos cerrados y con los ojos abiertos mirando alrededor. IBAI lo observa. BORJA se rinde y se quedan mirándose entre ellos.

IBAI: *(Ríe).*

BORJA: *(Dándole una leve palmada en el hombro, manteniendo el contacto un momento).* Seguramente tengas razón, y tenga que estar aquí un tiempo para detectar todas esas cosas. Porque animales... ¿Qué animales hay aquí? Yo no he visto ninguno. Y eso que por aquí hay un coto de caza, que se supone que tiene que haber de todo, ¿no?

IBAI: Tú no los has visto, pero ellos a ti sí. Te vieron venir de lejos, igual que yo. Igual no, ellos son los grandes maestros. De ellos aprendes a escuchar, a mirar sin juzgar... Hasta que no estés integrado, no los verás. Haz la prueba; lo que has intentado hacer ahora: un día te sientas cómodamente en un lugar que te guste, con calma, sin ninguna expectativa, y simplemente respira. Si te mantienes así el tiempo suficiente, empezarás a ver los animales que te rodean.

BORJA: Me sorprende todo esto que dices, pero sí, lo probaré. A ver qué ocurre. Entonces, ¿qué pasa con los cazadores? Ellos sí que ven a los animales.

IBAI: ¿Ellos, o sus perros?

Se quedan mirándose entre ellos, en silencio. IBAI le da un empujón con el hombro, y BORJA empieza a hablar.

BORJA: Entiendo. *(Breve pausa, asimilando lo que ha escuchado).* Y hablando de animales; ¿no has pensado en domesticar alguno para que te haga compañía?

IBAI: ¿Compañía? Te puedes sentir más solo en la ciudad rodeado de gente, cada uno con su vida y con sus pensamientos, que estando solo en la naturaleza rodeado de vida. Además, ¿por qué domesticar? Prefiero la libertad, de ellos y mía.

BORJA: *(Dándole una suave palmada en la pierna a IBAI).* Me gusta eso que has dicho.

IBAI: Aquí he convivido con animales. Llegan a familiarizarse con uno, y se establecen relaciones. Pero son relaciones libres, de amor, de respeto. *(Se miran).* Durante unos días, un gorrión venía todas las mañanas y se posaba en mi hombro mientras meditaba.

BORJA: Qué bueno.

IBAI: También una ardilla venía todas las tardes y me acompañaba en mis momentos de lectura, recogida entre mis pies.

BORJA: *(Dándole un suave empujón con el hombro).* Venga, ahí ya te has pasado.

IBAI: Tan verdad como que la relación más especial fue con una rata, que venía siempre a la hora de la cena y se comía las sobras. Un día, dejé la comida en una pequeña mesa mientras iba a por agua, y al volver, la encontré dando vueltas al plato, saltando de alegría, y sin tocarla; como esperando a que me comiese mi ración y le dejase la suya preparada. Después jugábamos con el queso al escondite, y así durante cinco o seis días que pasamos juntos; sin compromiso, autosuficientes y sin debernos nada. *(Se vuelven a mirar).* Desapareció cuando quiso, sin pena alguna, dejando solo recuerdos imborrables.

Se quedan mirándose en silencio. Sienten el impulso de besarse, y BORJA rompe la situación.

BORJA: *(Alterado).* ¡Increíble! Qué bueno. ¡Cómo te pueden sorprender los animales! Son maravillosos, ¡la naturaleza es maravillosa!... ¡y los ríos!... ¡y las montañas! Y...

IBAI: Tranquilo, hombre. Es así, pero no es para excitarse tanto. Respira.

BORJA: Yo no me he excitado. Bueno... que... que... que esto es fantástico. Lo que me estoy perdiendo. ¡No! No... que digo que ¡lo que tengo que aprender! *(Intentando cambiar de* *tema).* Mira, leí una vez, que un desequilibrio en el mundo de los animales... *(Encontrando la palabra)*, «en el ecosistema», puede provocar daños en... la naturaleza... daños medioambientales. ¡Me pareció alucinante! Es decir, que la superpoblación de alguna especie, o la desaparición también, tienen sus daños colaterales en... en ¡todo! Me resultó chocante.

IBAI: Así es. Y en la mayoría de los casos, detrás está la intervención del hombre. Yo creo que hay superpoblación de humanos; y así va el planeta. La propia naturaleza hará su trabajo.

BORJA: Es posible.

IBAI: No sabía que leías artículos de ese tipo.

BORJA: *(Ríe).* Ya nos vamos conociendo. La verdad, lo estaba leyendo una mujer que se sentó a mi lado en un viaje en avión. Hasta que me trajeron el periódico, miraba lo que estaba leyendo ella. Vamos, que realmente solo leí el titular y algunas frases destacadas en grande. Pero me pareció interesante.

IBAI: ¿La mujer o el artículo?

BORJA: *(Ríe).* El artículo, el artículo. La mujer no era mi tipo; muy *hippy* para mí. De hecho, por el aspecto que tenía, me sorprendió que viajara en *Business. (Ríe).*

IBAI: ¿Y qué tiene que ver?

BORJA: Pues, nada. Prejuicios. La verdad es que estuvimos un rato hablando, y fue un rato muy agradable, contó cosas interesantes.

IBAI: ¿Como qué?

BORJA: Decía que esta sociedad tiene el «Síndrome de Heidi»; algo así como un «déficit de naturaleza» en nuestras vidas. En aquel momento me hacía gracia todo lo que me contaba, pero reconozco que ahora empiezo a entenderlo. Decía que ahora sufrimos mucho de estrés, de ansiedad, de dificultad para concentrarnos, y que todo eso se cura pasando más tiempo en la naturaleza. Decía que en Japón, creo que dijo, lo prescriben los médicos; baños forestales o algo así. *(Ríe).* Qué locura todo esto. Me hizo mucha gracia cuando decía también en tono irónico, que aquí esto lo solucionamos decorando las casas y los hoteles con plantas, colores cálidos y naturales, cuadros inspirados en la naturaleza... creando espacios de desconexión y cosas así. *(Ríe).* Pero sí, creo que estoy empezando a entender todo esto...

IBAI: Y cuanto más tiempo pases aquí, más cosas entenderás. Las lecciones tienen que llegar en el momento adecuado para ser integradas.

BORJA: Cierto.

(Pausa).

IBAI: Borja... Antes cuando me has contado tu... trayectoria profesional, me ha llamado la atención que tocaste techo pronto.

BORJA: Ya. En el sector financiero, sí. Después de estar en La City, en New York, al llegar aquí, pronto alcancé puestos de alta responsabilidad, pero no sé... me faltaba algo.

IBAI: No te faltaba nada. Te sobraba.

BORJA: ¿Tú crees?

IBAI: Como también dice Henry David Thoreau: «No busquéis con tanta ansia vuestro desarrollo, ni os sometáis a demasiadas influencias; solo conseguiréis disiparos».

(Pausa).

BORJA: Ya has dicho dos frases de ese tal Henry.

IBAI: Sí. Su libro *Walden* me inspiró para venir aquí. Fue impactante. En 1845 se fue a vivir a una cabaña donde estuvo dos años y dos meses; y allí escribió la mayor parte del libro haciendo un retrato de la sociedad, que parece que se hubiera escrito ayer. Cuántas personas han iniciado una nueva época de su vida a partir de la lectura de un libro.

BORJA: Vi que tienes unos cuantos libros aquí. Y todos, clásicos, o de filosofía, y cosas así.

IBAI: Me apasionan los clásicos. Me fascina que el pensamiento de alguien siga vigente siglos después. Personas elevadas que con sus obras conectan con la esencia del ser humano; que hacen visible lo invisible con una profundidad que les hace eternos.

BORJA: ¿Y qué haces tú aquí, Ibai? No creo que sea solo por haber leído *Walden*.

Silencio.

IBAI: Yo tenía una vida muy gratificante. Trabajaba de profesor en la facultad de Sociología, estaba en proyectos de investigación, daba conferencias, y vivía con Lucía, una mujer maravillosa. Éramos muy felices. Era pintora, y le gustaban tanto los niños que abrió una ludoteca. Intentamos tener hijos, pero no pudimos. Ella quería adoptar, pero yo prefería seguir intentándolo. Era nuestra principal discusión. Su madre murió de repente; un infarto. Fue un golpe muy duro para ella y sobre todo para su padre. Nunca lo superó. El hombre llevaba toda la vida trabajando en una empresa de iluminación. *(Pausa. A BORJA le cambia la cara).* Una empresa con un marcado carácter familiar que trataba bien a los trabajadores; aunque como después se demostró, era solo una pose para que los empleados viviesen por y para la empresa. Había muchos casos de varios miembros de la familia trabajando allí. Después vino lo que vino. Aunque yo mantuve el trabajo, mis ingresos bajaron. Lucía tuvo que cerrar la ludoteca, y la venta de cuadros cayó en picado. Entró en la empresa donde trabajaba su padre, pero empezaron a cambiar allí las cosas. No le renovaron el contrato, y no tardó mucho en llegar el ERE que dejara a su padre también en el paro. Y a partir de aquí empezó lo peor. El hombre, que estaba ya debilitado tras la muerte de su esposa, cayó en una profunda depresión y en un deterioro físico galopante... falleció en poco tiempo. Yo traté de ayudar a Lucía, pero no fui capaz; no fui capaz. Cayó también en barrena, y veía fantasmas por todos lados. Pensaba que yo tenía otra relación y que por eso no quería adoptar, que la iba a dejar... fue terrible. Se marchó a casa de su padre llevándose con ella todos los materiales de pintura. A la semana siguiente, regaló un cuadro recién pintado al museo que tantas veces visitaba. Se trataba de una pintura abstracta, tan preciosa como dura e impactante. Dijo que no encontró un nombre para él, pero que representaba la catarsis mundial que tenemos que vivir para pasar a otro estado más humano, más elevado espiritualmente. Unos días después, entré con la policía en casa de su padre, y la encontré ahorcada en una de las vigas de madera que cruzaban el comedor.

(BORJA se rompe y llora).

IBAI: Sabía lo del juicio, pero no quise saber más.

BORJA: *(Abatido).* No puede ser... no puede ser...

IBAI: Y después de unos meses de rabia y frustración, recluido, apoyándome en la lectura para sobrevivir, tome la decisión de abandonar esta sociedad tan... y buscarme la vida en la naturaleza.

BORJA: Lo siento... yo... no... no... no. *(Se le escapa un grito de impotencia).* ¡Ah!

IBAI: Antes me sentía culpable. Me machacaba diciéndome que no fui capaz de ayudarla. Y anoche, cuando te dejé aquí, conseguí perdonarme... *(Pausa).* Gracias, Borja. Conocerte, y además en estas circunstancias, me ha ayudado a cerrar un círculo; aceptar, y perdonar. A ti, y a mí. Cada uno hace lo que puede. Lo que tenía que hacer aquí ya lo he hecho. Todo para ti. Si sigues en esa dirección, encontrarás un huerto escondido. Suerte, Borja, y gracias de nuevo. *(Se dirige a la cabaña a recoger sus cosas).*

BORJA: *(Muy desorientado).* No tengo palabras; no sé qué decir; no sé qué me está pasando...

IBAI: No tienes que decir nada. *(Solo coge una mochila, y unos cuantos libros que lleva en la mano).* Lo dejo todo aquí; para ti.

BORJA está roto.

IBAI: *(Pensativo. Mirando a Borja).* Gregorio me contó que el cuadro que Lucía regaló al museo ha despertado mucho interés, y que estaban ofreciendo ya cifras de cinco dígitos. Quizá se convierta en «un clásico». *(Deja todos los libros en el suelo, y de la mochila saca un cuaderno sin estrenar, y un par de bolígrafos, que los deja también).* Adiós, Borja. Suerte.

BORJA: *(Con voz sorda).* Gracias por todo, Ibai... gracias... gracias...

IBAI se marcha. BORJA empieza a descargar su rabia lanzando puñetazos al aire, gritando, golpeando el suelo, etcétera. Después se tranquiliza, y cuando está recuperando la respiración, se sienta, mira los libros, los deja a un lado con un cuidadoso gesto de acogida, coge el cuaderno y un bolígrafo. Empieza a escribir con desesperación.

FIN

ÍNDICE

Este libro se terminó de editar en Granada

en julio de 2025 por

www.aliarediciones.es

info@aliarediciones.es